BEI GRIN MACHT SICH IHR WISSEN BEZAHLT

- Wir veröffentlichen Ihre Hausarbeit,
  Bachelor- und Masterarbeit

- Ihr eigenes eBook und Buch -
  weltweit in allen wichtigen Shops

- Verdienen Sie an jedem Verkauf

Jetzt bei www.GRIN.com hochladen und kostenlos publizieren

GRIN

Marcus Linke

Logistische Prozesse in der Erstphase einer Katastrophe

GRIN Verlag

Bibliografische Information der Deutschen Nationalbibliothek:

Die Deutsche Bibliothek verzeichnet diese Publikation in der Deutschen National-
bibliografie; detaillierte bibliografische Daten sind im Internet über http://dnb.d-
nb.de/ abrufbar.

Impressum:

Copyright © 2010 GRIN Verlag GmbH
Druck und Bindung: Books on Demand GmbH, Norderstedt Germany
ISBN: 978-3-640-79381-5

Dieses Buch bei GRIN:

http://www.grin.com/de/e-book/164395/logistische-prozesse-in-der-erstphase-einer-
katastrophe

Logistische Prozesse in der Erstphase einer Katastrophe

Logistics Operations during the response phase

Seminararbeit zu Humanitarian Logistics

Universität Duisburg-Essen
Fakultät für Ingenieurwissenschaften
Masterstudiengang „Technische Logistik"

B.A. (FH) Marcus Linke

Sommersemester 2010

Inhaltsverzeichnis

Abbildungsverzeichnis

1. Einleitung

Die Zahl der internationale Katastrophen ist in den letzen Jahrzehnten auf nunmehr 430 pro Jahr angewachsen, Tendenz steigend. Weltweit sind immer mehr Menschen direkt oder indirekt von einer Katastrophe betroffen.[1] Das ist Folge der zunehmenden Besiedlung von Räumen, die eigentlich zu den Gefahrenzonen zählen. Aufgrund der nach wie vor exponentiell steigenden Weltbevölkerung werden künftig sogar noch mehr Menschen an den Hängen von Vulkanen oder in anderen katastrophenanfälligen Gebieten leben. Ein unerlässliches Mittel zur Bewältigung einer Katastrophe ist die Logistik. Sie ermöglicht die Evakuierung der betroffenen Gebiete und stellt mit ihren vielfältigen Prozessen die notwendigen Ressourcen und Hilfsgüter zur Verfügung.

---

[1] vgl. (Bölsche, 2009 S. 27-29)

2. Abgrenzung

Die Bewältigung einer Katastrophe kann grob in drei Phasen eingeteilt werden.

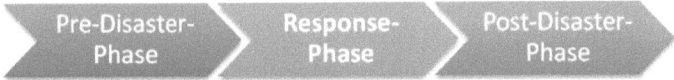

Abb. 1 - Grobphasen der Katastrophenbewältigung[2]

Die *Pre-Disaster-Phase* ist der Katastrophe zeitlich vorgelagert. Sie beschäftigt sich mit der Prävention und Vorbereitung auf eine Katastrophe, ohne das jedoch eine konkrete Gefahr und deren Zeitpunkt bzw. Eintreffen bekannt sind.

Die *Response-Phase* ist Kern der vorliegenden Arbeit. Sie beginnt, wenn eine Katastrophe unmittelbar bevorsteht oder plötzlich eingetreten ist. Dabei stehen folgende Tätigkeiten im Mittelpunkt:

- Früherkennung einer Katastrophe und Warnung

- Evakuierung wenn nötig

- Sofortmaßnahmen

Nach einigen Tagen bis wenigen Wochen geht die Response-Phase in die *Post-Disaster-Phase* über. Darunter wird der Übergang zu dem Normalzustand verstanden. In der Phase findet die Wiederherstellung des öffentlichen Lebens und der Wiederaufbau statt.

---

[2] vgl. (Tunfinkgi, 2006 S. 78)

4

3. Warnsysteme

Ein Frühwarnsystem soll helfen, aufkommende Gefahren frühzeitig als solche zu erkennen und gefährdete Personen möglichst schnell zu informieren. Es trägt dazu bei, Gefahren rechtzeitig abzuwenden oder zu mildern. Dabei basiert die Frühwarnung auf der Prämisse, dass sich Phänomene nach bestimmten Gesetzmäßigkeiten verhalten. Nach diesem Modell lassen sich dann Vorhersagen über die Wahrscheinlichkeiten des Eintretens einer Gefahr treffen. Unsicherheitsfaktoren bleiben allerdings stets erhalten. So kann ein Hurrikan schwächer ausfallen als prognostiziert oder aber ein Tsunami höhere Wellen schlagen als erwartet.[3]

Bekannte Frühwarnsysteme sind beispielsweise Tsunami-Warnsysteme, Vulkan-Beobachtungen und Erdbeben-Stationen, Hydrografische Systeme bei Hochwasser oder Gewitter- und Sturmwarnungen bei Hurrikans. Die Qualität eines Frühwarnsystems wird letztlich daran gemessen, welchen Erfolg es bei dem Versuch hat, Schäden abzuwenden bzw. sie so gering wie möglich zu halten. Dabei müssen mehrere Elemente an Land, an der Küste und auf See implementiert sein, um ein Frühwarnsystem erfolgreich zu steuern.[4] Dazu gehört ein Messsystem, das die Daten für die Frühwarnung liefert, ein Kommunikationssystem, das die eingesammelten Daten zur Leitzentrale übermittelt, wo sie von Entscheidungsträgern auf die zu erwarteten Folgen des Ereignisses bewertet und abgeschätzt werden, sowie die Formulierung einer präzisen Warnung ermöglicht.

Die letzte Instanz bildet ein Kommunikationssystem, das die Weitergabe der Warnung an Personen gewährleistet, konkrete Aktionen einleitet und einen Einsatzplan aktivieren kann.[5]

---

[3] (Petermann, et al., 2006)
[4] (Bundesministerium für Bildung und Forschung, 2010)
[5] vgl. (Scinexx - Das Wissensmagazin, 2010)

3.1 Ablauf der Frühwarnung

Eine Frühwarnung besteht aus den Komponenten der Vorhersage, der Warnung der Bevölkerung und der Reaktion der Bevölkerung. Mit verschiedenen, meist technischen Methoden soll zunächst ein drohendes Ereignis erkannt und möglichst exakt in seinem Umfang, seiner Größe, seinem Ort sowie dem Zeitpunkt des Eintreffens ermittelt werden. Ein wesentlicher Teil der Vorhersage ist die Ermittlung der Warnzeit, der Zeit zwischen dem Erkennen und dem Eintreffen des Ereignisses, die zur Verfügung steht, um geeignete Maßnahmen zur Schadensverhütung oder – minderung zu ergreifen.

Nach der Ermittlung eines drohenden Ereignisses muss diese Information, verbunden mit entsprechenden Handlungsempfehlungen, an die potenziell betroffene Bevölkerung kommuniziert werden. Dafür sind verschiedene Kommunikationswege vonnöten. Auf die Aussprechung einer Warnung folgt die Reaktion der Gewarnten. Für einen idealen Schutz der gefährdeten Bevölkerung muss schnell über entsprechende Maßnahmen entschieden werden, die dann umgesetzt werden müssen. Die Rettungsmaßnahmen bestehen darin, sich sofort wenige Kilometer ins Landesinnere und möglichst in die Höhe zu begeben.[6] In dieser Phase können zum einen organisatorische aber auch administrative Probleme entstehen. Sehr oft, vor allem in Entwicklungsländern, erreicht die ausgesprochene Warnung Teile der Bevölkerung nicht, oder wird von diesen nicht angenommen. Gründe für dieses Verhalten können fehlendes Vertrauen in die Politik, mangelhaftes Risikobewusstsein oder auch ökonomische Rahmenbedingungen sein.[7]

---

[6] vgl. (Tsunami Institut, 2010)
[7] vgl. (planet erde - Welt der Geowissenschaften, 2010)

3.2 Entstehung und Ausbreitung von Tsunamis

Dieser Teil der Arbeit soll sich nur mit den Tsunami als Naturkatastrophe befassen, um die Entstehung und Warnung der Bevölkerung im Detail zu erläutern. Der Begriff Tsunami stammt aus dem japanischen und bedeutet „Große Welle im Hafen"

(津波=Tsunami; 津=Tsu=Hafen; 波=Nami=Welle).

Vergleicht man eine tektonische Karte der Erde mit einer Erdbebenkarte, sieht man den Zusammenhang zwischen den Strukturen der Erdkruste und der Erdbebenverbreitung.

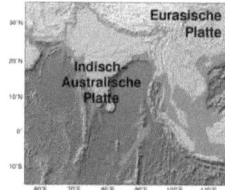

Abb. 2 - Sundabogen im Indischen Ozean

Die Erdkruste besteht aus mehreren großen Lithosphärenplatten sowie einer Vielzahl kleinerer Bruchstücke. Diese Platten bewegen sich, angetrieben durch Konvektionsströme im Erdmantel, auf der Asthenosphäre in Größenordnungen von wenigen Zentimetern im Jahr. Dabei stoßen sie zusammen (konvergieren), entfernen sich voneinander (divergieren) oder bewegen sich aneinander vorbei (Transformstörung).

Etwa 86% aller Tsunamis entstehen durch die so genannten Seebeben, der Rest wird durch Vulkanausbrüche über und unter Wasser, Erdrutsche oder Meteoriteneinschläge ausgelöst. Damit ein Tsunami, verursacht von Seebeben, überhaupt entstehen kann, müssen drei Voraussetzungen gegeben sein. Das Erdbeben muss mindestens eine Stärke von 7,0 auf der Richter-Skala haben. Erst ab dieser Stärke reicht die freigesetzte Energie aus, um das Wasser ruckartig hochzuheben.

Wie in Abbildung 3 zu sehen, schiebt sich die Indisch-Australische Platte langsam und mit sehr hoher Kraft unter die Eurasische Platte.

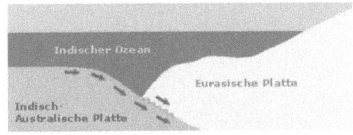 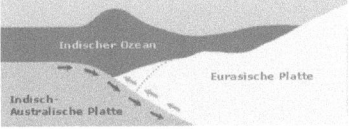

Abb. 3 – Absenken der Platte   **Abb. 4 – Hochschnellen der Platte**

Die enorme Spannung am Rand der Eurasischen Platte, die sich oft über mehrere Jahre aufgebaut hat, wird zu groß. Der Plattenrand löst sich und schnellt in seine ursprüngliche Position. In diesem Epizentrum, dem senkrecht über dem Hypozentrum gelegenen Punkt, treten diese Erdbebenwellen zuerst und mit der größten Energie auf. Der Meeresboden hat sich nun um einige Meter nach oben bewegt. Die Wassermassen, die sich über dem Plattenrand befinden, werden in kürzester Zeit verdrängt. Der Tsunami, der dabei entsteht, breitet sich in alle Richtungen kreisförmig aus.[8]

3.3 Tsunami-Early-Warning-System

3.3.1 Einleitung

Die verheerende Flutkatastrophe in Südostasien am 26. Dezember 2004 als Folge eines Seebebens am Sunda-Graben im Indischen Ozean war der Auslöser für die indonesische Regierung, sich für die Implementierung eines Tsunami-Frühwarnsystems zu entscheiden.

Unter deutscher Beteiligung des Geo-Forschungs-Zentrums in Potsdam gemeinsam mit nationalen und internationalen Partnern entstand das Projekt GITEWS (German Indonesian Tsunami Early Warning System) der deutschen Bundesregierung im Rahmen des Wiederaufbaus der betroffenen Region.

---

[8] vgl. (Tsunami Institut, 2010)

Entsteht hier ein Tsunami, laufen die Wellen im Extremfall innerhalb von 20 Minuten an der Küste auf, so dass nur sehr wenig Zeit für eine Frühwarnung bleibt. Diese Randbedingung lag daher der Konzeption des gesamten Systems zugrunde.[9]

Das Warnsystem ist so angelegt, dass jederzeit Verknüpfungen mit regionalen und zukünftigen Systemen möglich sind. Für andere Anrainerstaaten besteht die Möglichkeit, die Daten für eigene Zentren zu nutzen, um von dort aus gegebenenfalls eine Tsunami-Warnung im eigenen Land auszusprechen. Ziel ist es, anhand von seismischen Messungen am Meeresboden, potentielle Tsunami-Flutwellen frühzeitig zu erkennen, auszuwerten und gegebenenfalls Evakuierungsvorkehrungen in den betroffenen Küstenregionen einzuleiten.

3.3.2 Aufbau und Funktionsweise
Zu den Sensoren des Tsunami-Frühwarnsystems zählen die Erdbebenmessstationen, die im, auf oder in unmittelbarer Nähe des Ozeans aufgestellt werden. Dazu gehören einerseits die Küstenpegel, die über Satelliten mit den Warnzentren verbunden sind.[10] Erst wenn sich in den Pegel- oder Wasserdruckmessungen zeigt, dass es eine erhebliche Veränderung des Wasserstandes gegeben hat, liefern sie in Echtzeit alle 15 Sekunden hochgenaue Pegelwerte.[11]

 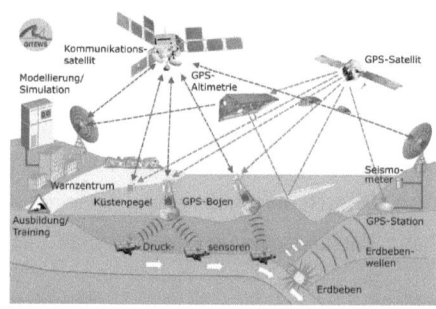

Abb. 5 – Küstenpegel   **Abb. 6 - Funktionsweise des TEWS**

---

[9] vgl. (GITEWS - Deutsch-Indonesiches Tsunami Earling Warningsystem, 2010)
[10] vgl. (GITEWS - Deutsch-Indonesiches Tsunami Earling Warningsystem, 2010)
[11] vgl. (GITEWS - Deutsch-Indonesiches Tsunami Earling Warningsystem, 2010)

Die zwei weiteren Komponenten der Erdbebenmessstationen bilden die Ozean-Boden-Einheiten und die Oberflächen-GPS-Bojen, die gemeinsam das System des Tsunami-Frühwarnsystems im offenen Ozean ausmachen. Die Ozean-Boden-Einheit wird waagerecht auf dem Meeresboden entlang des Kontinentalhanges verankert. Der Auftriebskörper, genauso wie die restlichen Komponenten der Messeinheit, ist für den Einsatz in einer Wassertiefe von maximal 6000 m ausgelegt. Dort misst es seismische Signale und Druckänderungen in der Wassersäule anhand eines Breitband-Seismometers, eines Differenzdruckmessers und einem Drucksensor. Die auf dem Meeresboden gewonnenen Daten werden dort vorverarbeitet, Die Informationsweitergabe an die Oberflächen-GPS-Bojen erfolgt durch akustische Modems.

Zur Wartung nach etwa einem Jahr sind Blitzlicht, Peilsender und Flagge installiert, die bei der Ortung des Gerätes während dessen Bergung helfen.

Zurzeit befinden sich insgesamt 10 dieser Instrumentenpaare zur Erfassung und Warnung vor Tsunamis im Rahmen des GITEWS entlang der indonesischen Küste.[12]

Abb. 7 - Ozean-Boden-Einheit   **Abb. 8 - GPS-Boje**

---

[12] vgl. (GITEWS - Deutsch-Indonesiches Tsunami Earling Warningsystem, 2010)

Die Ozean-Bojen werden mit Wettersensoren, Bojenbewegungssensoren, Bojenrechner, Energieversorgung sowie mit einer GPS-Datenkommuni-kationseinheit für die Übertragung der gebündelten Daten von der Boje per Funk via Satellit an die Warnzentrale ausgerüstet.[13]

Zum wissenschaftlichen Teil eines Tsunami-Warnsystems gehört auch die Computermodellierung einer Flutwelle. Deshalb werden derzeit an der indonesischen Küste 2 Tiefenwasser-Multibeam-Echolotsysteme auf einem Forschungsschiff betrieben was ermöglicht, die akkurate Kartierung bis in größtmögliche Wassertiefen vorzunehmen. Die Wassertiefe errechnet sich über die Zweiweglaufzeit und den Abstrahlwinkel jedes einzelnen Strahls. GPS Messstationen werden derzeit sowohl entlang der Küste als auch im Landesinneren zusammen betrieben. Diese haben die Aufgabe, die bei einem Erdbeben auftretenden Verschiebungen an der Erdoberfläche zu messen. Dies erfolgt in relativ kurzer Zeit, mit einer Genauigkeit von wenigen Zentimetern.[14]

In naher Zukunft ist weiterhin für den Indischen Ozean ein Tsunami-Detektionssystem geplant, was im Rahmen einer niedrig fliegenden Kleinsatellitenkonstellation Wasserstandsänderungen im Dezimeterbereich erkennen kann.[15]

Der Datenfluss des Frühwarnsystems wird im Warnzentrum zusammengeführt. Die in Echtzeit einlaufenden Informationen werden dann auf der Grundlage von Simulationen und vorgefertigten Gefährdungs- und Risikokarten der Küstenbereiche verglichen und bewertet.[16] Nachdem die Eintreffzeiten der Wellen an den betroffenen Küsten minutengenau hochgerechnet wurden, muss die Bevölkerung gezielt gewarnt und Evakuierungsmaßnahmen eingeleitet werden.[17] Dafür sind Katastrophenschutzbehörden, Streitkräfte, die Weltorganisation für Meteorologie, die internationale Organisation für den Luftverkehr und die Medien, wie Rundfunkanstalten oder das Internet zuständig.

---

[13] vgl. (GITEWS - Deutsch-Indonesiches Tsunami Earling Warningsystem, 2010)
[14] vgl. (GITEWS - Deutsch-Indonesiches Tsunami Earling Warningsystem, 2010)
[15] vgl. (GITEWS - Deutsch-Indonesiches Tsunami Earling Warningsystem, 2010)
[16] vgl. (Bundesministerium für Bildung und Forschung, 2010)
[17] vgl. (GITEWS - Deutsch-Indonesiches Tsunami Earling Warningsystem, 2010)

Den Einwohnern und Urlaubern muss deutlich gemacht werden, was die Warnungen bedeuten und wie sie sich beispielsweise beim Alarm durch Sirenen zu verhalten haben. Das kann im Vorfeld durch die Registrierung im Internet, wonach im Falle eines Tsunami automatisch die Nachricht auf das jeweilige Mobiltelefon gesandt wird, Evakuierungs-Übungen in Unternehmen und Schulen, Notfallpläne in Strandnähe oder durch Broschüren im Hotel gemacht werden.[18]

4. Evakuierung

Für die Evakuierungsplanung sind 3 Komponenten unumgänglich, um einen höchstmöglichen Schutz der betroffenen Menschen zu gewähren. Das setzt zum einen die bereits angesprochenen Frühwarnsysteme und administrativen Stellen voraus, die die Warnungen empfangen und Evakuierungsmaßnahmen einleiten können und als letzte Instanz gilt ein professionelles Katastrophenmanagement, was für die Erstellung der Evakuierungspläne zuständig ist.

Die extrem hohe Ausbreitungsgeschwindigkeit führt zu sehr kurzen Vorwarnzeiten. So würde ein Tsunami, der von einem Seebeben bei Hawaii ausgelöst wird, amerikanisches Festland nach fünf, Indonesien nach acht Stunden erreichen. Hawaii selbst wäre sofort betroffen, eine Evakuierung praktisch unmöglich.[19]

4.1 Berechnung der Evakuierungszeiten[20]

Die Evakuierung ist eine präventive sowie operative Rettungsmaßnahme innerhalb des Katastrophenmanagements.[21] Im Falle des Sundabogens im Indischen Ozean entstanden in den letzten Jahren unzählige Simulationen für verschiedene Erbebenlokationen mit verschiedenen Magnituden und Risslängen.

---

[18] vgl. (Frankfurter Allgemeine Zeitung Online, 2010)
[19] vgl. (Klett Verlag - Das IGL-Buch-Online, 2010)
[20] vgl. (GITEWS, 2010)
[21] vgl. (Bundesamt für Bevölkerungsschutz und Katastrophenhilfe, 2010)

Im Falle eines durch das Erdbebenmonitoringsystem und die ozeanografischen Messungen festgestellten Tsunami wird mit den gemessenen Parametern die Zeit berechnet, die verbleibt, um eine Evakuierung durchzuführen. Die Ausbreitungsgeschwindigkeit eines Tsunami hängt von der Wassertiefe und von der Topographie des Meeresbodens ab. Mit Hilfe des hydrodynamischen Gleichungssystems wird berechnet, wie schnell sich die Wellen ausbreiten.

$$v = \sqrt{g \cdot d} \qquad (1)$$

g: Erdbeschleunigung = 9,81 m/s²   10 m/s²
d: Wassertiefe

So ergibt sich bei einer Wassertiefe von 6250 m:

$$v = \sqrt{10 \cdot 6250}\ \text{m/s} = 250\ \text{m/s} = 900\ \text{km/h}$$

Die Abstände aufeinander folgender Wellenkämme und die Wellenhöhe verändern sich mit der Wassertiefe. Je flacher das Wasser, umso kürzer die Abstände zwischen den Wellen und umso größer die Wellenhöhen. Wichtigste Voraussetzungen für die Modellierung, speziell im Flachwasserbereich und für das Auflaufen der Welle auf die Küste sind deshalb genaue Kenntnisse der Topographie des Ozeanbodens und der Küste, des Küstenverlaufs und der Bebauung oder des Bewuchses der Küstenregion.

4.2 Erstellung einer Tsunami Evakuierungsroute[22]

Evakuierungspläne gelten weitläufig als wichtiges Instrument für die Risikominimierung in Tsunamigefährdeten Gebieten. Es werden jedoch in den meisten Fällen nur die Hauptstraßen als solche ausgeschrieben, die von den Küsten ins Landesinnere führen, ohne dabei auf die nicht mobilisierten Menschen einzugehen. Die „**EVACUATION ROUTES TOOLS ArcGIS® toolbox**" des Softwareherstellers „ESRI" gibt die Möglichkeit, Evakuierungsrouten speziell für Fußgänger zu erstellen.

---

[22] vgl. (Asian Disaster Preparedness Center, 2010)

Um die beste Evakuierungsroute zu berechnen, muss der schnellste Weg von einem gegebenen Punkt zur Sammelstelle gefunden werden. In diesem Falle ist die kürzeste Strecke nicht immer die schnellste, da natürliche Barrieren, wie Flüsse, Seen oder Berge zu beachten sind. Weiterhin müssen Parameter, wie beispielsweise Gebäude oder unwegsames Gelände in die Berechnungen mit einbezogen werden. Der schnellste Weg ist der mit dem niedrigsten Zeit- und Energieaufwand und wird in der Praxis als „Cost Weighted Distance (CWD)" bezeichnet.

Dieser berechnet sich aus der Distanz in einem Raster und dem Aufwand, siehe Abbildung 9.

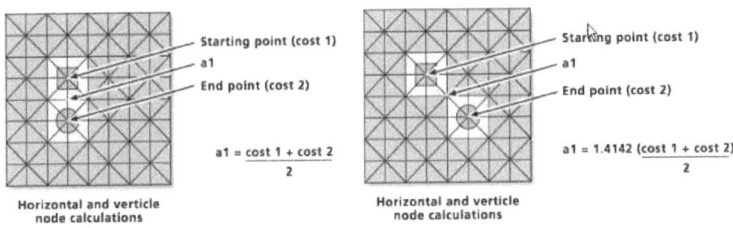

Abb. 9 - Distanz zwischen Quadranten

Nun wird das Relief bestimmt. Dazu fließen Daten der Bebauung und ökologische Gegebenheiten, wie Seen, Flüsse oder Bäume in das System ein.

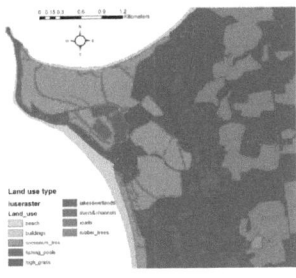

Abb. 10 - Bestimmung des Relief

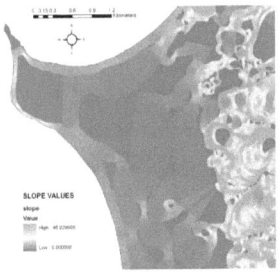

Abb. 11 - Bestimmung von Steigungen

Bei der Berechnung der Cost Weighted Distance ist es wichtig, Geländeerhebungen und Abhänge zu bewerten (Siehe Abbildung 11, Dunkelrot = flaches Land, Grün = Steigung). Unter der Voraussetzung, dass sich Evakuierungsstraßen auf flachem Land befinden, wird die Geschwindigkeit eines Fahrzeugs auf den Wert 100 gesetzt, da sich die Durchschnittsgeschwindigkeit nicht verändert. Im Falle einer laufenden oder gehenden Person, wird dieser Wert auf 70 gesetzt, da damit gerechnet wird, dass die Einhaltung der Geschwindigkeit nur zu 70% eintritt, vorausgesetzt die Personen überwinden flaches Land. In Abbildung 12 wird aufgezeigt, wie Personen bei der Evakuierung in bestimmten Gegebenheiten bewertet werden.

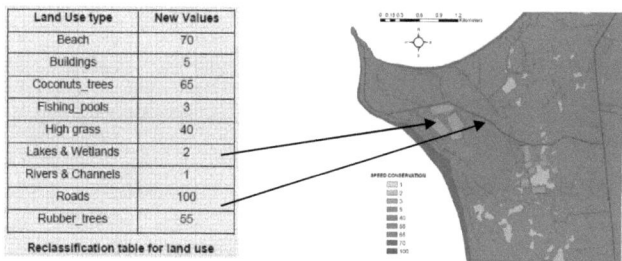

Abb. 12 - Bestimmung der Geschwindigkeit von Personen bei der Evakuierung

Der Aufwand der Flucht wird also aus der Durchschnittsgeschwindigkeit der Evakuierung mit der Steigung des jeweiligen Feldes im Raster berechnet. Jeder zu überwindende Meter einer Person wird mit der Durchschnittsgeschwindigkeit von **1,2 m pro Sekunde** belegt. Nachdem das zu untersuchende Gebiet in einzelne Territorien eingeteilt wurde, werden die jeweiligen optimalen Evakuierungspunkte festgelegt.

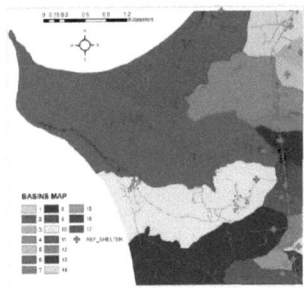 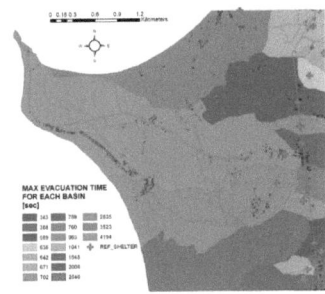

Abb. 13 - Einteilung der Territorien   Abb. 14 - Festlegung der Evakuierungspunkte

Der letzte Schritt der Erstellung einer Evakuierungsroute ist die Berechnung der maximalen Zeit, die von jedem Punkt eines Gebietes zu Fuß zur nächsten Sammelstelle benötigt wird und die Festlegung der optimalen Evakuierungsroute. Nun kann die Route ausgeschildert werden. Ein wichtiger Punkt ist jedoch auf der einen Seite die Publizierung der Routen in der Öffentlichkeit und auf der anderen Seite die Menschen in den gefährdeten Gebieten, die diese Routen zu ihrem eigenen Schutz annehmen.

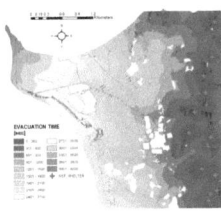

Abb. 15 - Berechnung Evakuierungszeit   Abb. 16 - Optimale Evakuierungsroute

Abb. 17 - Ausschilderung Evakuierungsroute

5. Fazit

Die Katastrophenwarnsysteme wurden in den letzten Jahren enorm verbessert, ebenso die Methoden zur Planung von Evakuierungsmaßnahmen. Diese gezielten Maßnahmen können mehr Menschenleben retten, als die Reaktion auf eine Katastrophe.

Die Logistik hat neben der Evakuierung auch einen wesentlichen Einfluss auf das Katastrophenmanagement und den Einsatz von Hilfsgütern im Krisengebiet. Sie leistet damit einen essenziellen Beitrag zur Bewältigung der Katastrophe.

Jedoch fehlt für eine ausgereifte Logistik immer noch eine zentrale Koordinierungsstelle, bei der alle Aktivitäten zwingend zusammen laufen. Daher sind Maßnahmen wie sie die UN mit der Koordinierungsstelle OCHA bereits angefangen hat unbedingt auszubauen und übergreifende Standards zu erarbeiten.

Literaturverzeichnis

AFKzV. 2003. *FwDV 100 - Führung und Leitung im Einsatz.* [Hrsg.] Katastrophenschutz und zivile Verteidigung Ausschusses für Feuerwehrangelegenheiten. Stuttgart : Deutscher Gemeindeverlag, 2003.

Asian Disaster Preparedness Center. 2010. *EVACUATION ROUTES TOOLS ArcGIS® toolbox.* Bangkok : s.n., 2010.

Auswärtiges Amt. 2007. [Online] 11. November 2007. http://www.auswaertiges-amt.de/diplo/de/Aussenpolitik/Themen/HumanitaereHilfe/internationale-za-katV,navCtx=53256.html.

Bölsche, Dorit. 2009. *Internationales Katastrophenmanagement.* Baden-Baden : Nomos Verlagsgesellschaft, 2009.

Bundesamt für Bevölkerungsschutz und Katastrophenhilfe. 2010. [Online] 28. Juni 2010. http://www.bbk.bund.de/cln_007/nn_1016182/DE/06__Fachinformationsst elle/06__Hochschulschriften/Bobsin,templateId=raw,property=publicationF ile.pdf/Bobsin.pdf.

Bundesministerium für Bildung und Forschung. 2010. [Online] 15. Juli 2010. http://www.bmbf.de/de/4879.php.

Deutsche Post DHL. [Online] [Zitat vom: 17. Juni 2010.] http://www.dp-dhl.com/de/verantwortung-online_report_2010/gesellschaft/menschen_helfen_gohelp/katastrophenei nsatzteams.html.

Frankfurter Allgemeine Zeitung Online. 2010. [Online] 8. Juli 2010. http://www.faz.net/s/Rub2542FB5D98194DA3A1F14B5B01EDB3FB/Doc~ E704EBB964BAA4AFF9BDDE743DB06EF0D~ATpl~Ecommon~Scontent. html.

GITEWS - Deutsch-Indonesiches Tsunami Earling Warningsystem. 2010. [Online] 9. Juli 2010. http://www.gitews.de.

GITEWS. 2010. Tsunami Warnung - Wieviel Mathematik steckt in der Welle? [Online] 28. Juni 2010. http://www.gitews.de/fileadmin/documents/content/press/FaltblGITEWS-dt-05-08a-web.pdf.

Klett Verlag - Das IGL-Buch-Online. 2010. [Online] 8. Juli 2010. http://www.klett.de/sixcms/list.php?page=infothek_artikel&extra=Das%20I GL-Buch-Online&artikel_id=81171&inhalt=kss_klett01.c.508225.de.

Logistik in der Katastrophe. 03/2007, Regensburg : Walhalla Fachverlag, Notfallvorsorge.

Petermann, Thomas, Revermann, Christoph und Scherz, Constante. 2006. *Zukunftstrends im Tourismus.* s.l. : Rosch-Buch-Verlag, 2006.

planet erde - Welt der Geowissenschaften. 2010. [Online] 10. Juli 2010. http://www.planeterde.de/naturgewalten/eine-frage-der-letzten-meile-wie-die-tsunami-warnung-ihre-adressaten-erreicht.

Scinexx - Das Wissensmagazin. 2010. [Online] 16. Juli 2010. http://www.g-o.de/dossier-detail-25-6.html.

Tsunami Institut. 2010. [Online] 10. Juli 2010. http://www.tsunami-alarm-system.com/phaenomen-tsunami.

Tunfinkgi, Philippe. 2006. *Logistik im Kontext internationaler Katastrophenhilfe.* Bern, Stuttgart, Wien : Haupt Verlag, 2006.

United Nations World Food Programme. [Online] [Zitat vom: 17. Juni 2010.] http://one.wfp.org/german/?NodeID=43&k=431.